Colección
Panhispánica de Poesía

CONGREGACIONES

Félix Anesio

Colección
Panhispánica de Poesía

Casa Bukowski
Editorial

Casa Bukowski

.sabukowski.com

.diobukowski.org

.cademiabukowski.com

.cto: editorial@casabukowski.com

Colección Panhispánica de Poesía

Congregaciones
©Félix Anesio

Director de edición: Ivo Maldonado
Editor: Ivo Maldonado
Diseño de portada: Julio Cúmez
Diagramación y diseño de interiores: Julio Cúmez
Correción de estilo: Ignacio Gallardo Frías

ISBN: 978-9942-42-468-6

Primera edición, Editorial Casa Bukowski. Santiago de Chile. 2022.

LEVE ETERNIDAD DEL INSTANTE

El poeta, editor y director de Casa Bukowski Internacional, además de organizador y alma mater del Festival Panhispánico de Poesía, Ivo Maldonado (Talcahuano, Chile, 1978), se ha propuesto más y ha creado la nueva Colección Panhispánica de Poesía e inicia la misma con la publicación del libro Congregaciones (Casa Bukowski Editorial) del reconocido poeta cubano afincado en Miami desde hace más de 20 años, Félix Anesio (Guantánamo, 1950). Poeta que ha escrito versos de la talla de "El hombre es feliz en la leve eternidad del instante". Algún día se tendrá que realizar un estudio de ese paisaje que es el instante poético. Pero antes hay que señalar que es toda una valentía, en estos tiempos que corren, que una persona apueste por crear una colección de poesía panhispánica: de allende hasta aquende y viceversa: "Y sabes que ya es mucho haber sido partícipe/ de esa magia inmerecida que hoy declaras".

Este poemario, Congregaciones, de fácil lectura, y sencillez franciscana, habla de lo que el poeta conoce, de los temas que le ofrece su vida. E intenta y lo logra cantar y contar lo que ve, lo que experimenta, ama y pierde: "Mi padre me ha visto con sus ojos de tiempo". El libro está dividido en cuatro significativas partes con singulares títulos: Efimerías; Remembranzas; Otredades y Yo mismo. Con un gozne común: el tiempo, el espacio, el azar y la necesidad, el temor y el temblor; pues "Todo acontece en la esfera de un reloj sin números". E hilvanado todo con unas citas impecables de sus lecturas preferidas: Eliot, M. Alabau, Alejandro Fonseca, el evangelista Mateo, Lezama Lima, R. Frost, Antonin Artaud, Job, Rimbaud, Borges, Antonio Machado, Antonio Gala, Pavese, Pessoa, Bruno Schulz, J.C. Valls, Pedro Assef, Bradbury, Atila, Saramago, Keats, Ernest Hemingway, Virgilio Piñeira, Gelman y evangelista Juan, entre otros, como el músico y compositor Vivaldi.

Así pues, este florilegium poético, recopilación de poemas aparecidos en otros libros, no es una antología al uso y sí un nuevo libro con nueva lectura y factura de parte de su obra: un poemario coherente, del quehacer demiurgo de un poeta honesto, sin trampa ni cartón, que mira al mundo y a la vida a los ojos, a la que le echa un pulso a través del lenguaje: "La palabra no cuenta, sí, el gesto". A la vez que es dar cuenta de esa vida y de sus reconocimientos a los amigos y guías y sobre todo es un poema: El callejón de los vencidos, que por si solo da razón de la publicación de este libro que trae ecos de aquel callejón de Valle-Inclán, guardando las distancias justas y necesarias, claro. Esta situación límite ideada que nos plantea el poeta Félix Anesio es el escenario propio de la existencia, esa tragicomedia el ser humano: ese terror y ese deseo de dominación que suprime las normas éticas y estéticas aprendidas y hace (re)nacer los instintos atávicos latentes bajo las costumbres civilizadas. No deja de ser una fábula moral diríase, acerca de la condición humana, un prodigioso poema que ofrece un material simbólico susceptible de lecturas diversas y enfrentadas, tal vez: "El hedor de la piel y de los huesos/ las muecas, las grotescas máscaras de Dios/ talladas por el tiempo;/ vi a Dora Maar en una esquina/ a Vincent desorejado en la otra/ a Cervantes con su mano sola/ a Rosa Parks/ al reverendo King/ y cuanto negro menesteroso abunda en el paraje.// En verdad, no recuerdo haber visto a un solo judío". Magnífico poema dividido en cuatro partes que ocupa nueve páginas. El mejor del libro, sin duda alguna.

Tras leer estos poemas de Félix Anesio, que pergeñan estas y no otras Congregaciones, uno se da cuenta, una vez más que el fin que persigue oscuramente el verso sea, justamente, dislocar las imágenes, pues de alguna manera es la primera sensación que te deja, pues: "De todos los desiertos que habito/ ninguno tan cruel/ como el de la palma de mi mano". Pero, no solo logra el poeta dislocar las imágenes y metáforas, también le busca las cosquillas a la propia poesía: "El rumor ancestral de la muerte me corteja"; y al igual que Hölderlin también él pide que los poetas despierten de su letargo a todos los que duermen todavía; ya que: "Hoy vivo en un país sin moscas".

Es un poemario que hay que leer y releer, casi memorizar esos exquisitos aforismos: "Por simple definición/ Soy lo que he leído". Aunque a pesar de esto o por esto, por el poemario desfilan también los grandes temas de la literatura ya citados, como son el amor y la muerte, la soledad, el viaje y de forma apenas sugerida, la búsqueda de un fundamento ideal de la realidad: "Un hombre estoico como tantos de su pueblo./ Una padre de familia que sobre una silla se derrumba./ Los hijos parten inquietos en busca de horizontes./ En ese instante, parece que su vida pierde sentido./ Y siente el sabor de la primera lágrima/ que quizás sea la última".

Cuando Félix Anesio escribe estos versos: "Véngase cuando quiera la parca", al lector le acuden estos deseos de su admirado Antonin Artaud: "Quisiera hacer un Libro que trastornase a los hombres, que fuera como una puerta abierta que les llevase a donde nunca hubieran consentido ir; una puerta simplemente encajada en la realidad." Y para nada está lejos de este propósito el poeta, pues en estas Congregaciones con unos versos dotados de una asombrosa capacidad de expresión y una riqueza espontánea de imágenes y de alusiones nos muestra ese perseguir el verso, ese traspasar la puerta... "No me gusta/ la nieve/ ni en mis sueños/ la sueño./ La nieve es para mí/ sencillamente/ un imposible".

Creo que Félix Anesio es un poeta excepcional, es pura pasión e instinto y dota a sus versos de ironía sujeta a ritmo y sonido: "Sueña con los ojos lúcidos y tiernos de una mujer/ que lo arrulla bajo la fronda de un árbol gigantesco/ mientras gira, vertiginosamente, una manada de elefantes". Y, uno se siente feliz de leer estos versos y escribir sobre ellos; de ser contemporáneo del poeta, en definitiva, pues creo que Congregaciones es uno de los poemarios más bellos y de más calidad que he leído en estos momentos tan grises de la poesía y la poesía es y debe ser para ser: memoria, mirada y lenguaje: "Imágenes de Oro y Fuego/

en mi memoria// Y el vibrante recuerdo del aroma del viento./ De un camino sinuoso en la montaña. /Del sabor a vida de la leche más pura./ De este afán de ser indio para siempre./ De contemplarlo todo / como un niño".

¡Gracias por escribir, Félix Anesio!

Enrique Villagrasa
Poeta, periodista y crítico literario español

EFIMERÍAS

EFÍMERO

Todo es efímero,

banal, pérdida, ausencia.

El hombre nunca será flor radiante,

nunca cielo, nunca estrella.

Quizás no seamos ni siquiera eso:

la indispensable gota de rocío,

esa que escapa furtiva

tras el primer rayo de sol enamorado.

LE BONHEUR

La felicidad, impredecible

como estampida de corceles,

suele ocurrir a cualquier hora

del día o de la noche, así como así,

sin previo aviso, ni lógicas razones.

No la evadas nunca.

DESTELLOS

He vuelto a ver los ojos de mi padre.

He visto una gaviota suspendida en el viento,
etérea, ingrávida, como un sortilegio alado
sobre el mar donde jugamos mi niño y yo,
como nobles hijos de la espuma y el salitre.

He vuelto a ver los ojos de mi padre.

La gaviota gira en círculos concéntricos
en derredor nuestro, como si fuéramos el Sol
como si fuéramos la felicidad.

Mi padre me ha visto con sus ojos de tiempo
en ese efímero instante dorado de la playa;
instante de salitre y espuma, ola tras ola,
                              inmaculado.

La gaviota me mira fijamente y piensa

(si es que acaso las gaviotas piensan):

El hombre es feliz en la leve eternidad del instante.

He visto un destello de emoción en su pupila gualda.
Y antes que se marche hacia otro sitio, me pregunto:

¿Por qué me miras así

ánima

gaviota

con los ojos tristes de mi padre?

A Dylan Thomas, mi nieto menor

CONGREGACIÓN

Y así

de tiempo en tiempo

tropezamos

con los amigos de antaño

los de siempre

los indispensables

como se encuentran

las piedras de los ríos

y en el mar se junta

la arena innumerable.

PRETEXTO

April is the cruelest month...

T. S. ELIOT

Lluviecita ligera

aguacerito vano

llovizna más bien

agua pequeña.

Pretexto para recordar

que afuera, en mi ventana,

ya es primavera.

A la actriz cubana Teresa María.

DESTINO

Y

aunque

todo

parezca

predecible

he

de

seguir

imperturbable

en

pos

de

la

sorpresa.

LOS CUERVOS DE LA INFAMIA

¿En qué esquina el niño pálido y rubio, está llorando?
M. Alabau

Nueve lunas de su tiempo expiran

y la criatura debe renunciar ahora

a la húmeda calidez de la penumbra

de su cofre de cinabrio y terciopelo.

Desterrada del paraíso por la fuerza,

vulnerada su inocencia,

ha de cruzar errante

el vasto desierto

donde hiere la luz

entre los cuervos de la infamia.

¡Oh, tábula rasa, que has de consumirte

como un cirio en el altar de nadie!

SUCESIÓN Y LÍMITE

Para Alejandro Fonseca

In memoriam

Las flores de la primavera

visten las nieves del último invierno.

La fiel convergencia del día hacia el ocaso

y todas las fases de la encantada luna

anuncian la epifanía del próximo sol.

Una mujer gime su dolor.

El regocijo de la vendimia y el vino de la celebración.

Una nueva arruga que se asoma al espejo de tu rostro.

Las fotos que cuentan, otra vez, una historia de ancestros.

La extraña felicidad de un poeta que yace en una cama
                              de hospital,

rodeado de amigos, ante el umbral de una muerte
                    insospechada.

Un libro que se cierra como un *golpe en la sombra*

otro que se abre

y esta finita sucesión de versos.

Todo acontece en la esfera de un reloj sin números.

CANTO PROFANO

Mateo 1, 23-25

La húmeda fragancia
de la vulva,
en sazón de recibir
el hálito divino
o la humana simiente,
preconiza la esperanza gozosa
de la epifanía del *Verbo*.

CLASE DE HISTORIA EN CUBA, AÑOS 60

Una mano escribe en la pizarra:

"El Imperialismo se derrumba.

El futuro pertenece por entero

al Socialismo".

Hace ya muchos años que la profesora descansa en paz.

CARPE DIEM

Cada día muere

con su propia gesta

encima.

CEREMONIAL LITÚRGICO

Nos consumimos

    como cirios

       en el altar de nadie.

PARÁBOLA DE LOS TOMATES ROJOS

Con su impecable color

parecen estar siempre al otro lado de la vida

inalcanzables,

      suculentos

          voluptuosos

              y confiados

de una radiante belleza que no otorga nada a cambio.

Toman de la tierra su esencia, como los hijos,

exigiendo que alguien los cultive día y noche con
               desvelo.

Toda vez que hemos perdido el huerto

solo nos queda evocar su belleza.

FINAL DE AÑO

Uno sobrevive a tantas cosas:

las pesadillas nocturnas

los dolores de huesos

la ostentación de algún vecino

de saco y corbata.

Al pago puntual de la renta y el seguro

a la ausencia por muerte (en lejanía)

de los padres;

a las tres comidas diarias

—que agradeces—

al trabajo de noria,

la lluvia,

las calendas.

Más arduo aún es sobrevivir

a las cosas más sencillas:

como una flor silvestre que brota

al pie de la muralla

y al vuelo circular de gaviotas mientras yaces

tendido sobre la arena.

Al ronroneo del gato

—esa extrañeza que nadie comprende—,

al olor de la vulva de una mujer que te acaricia

después de la cena por ella misma preparada

hasta el mínimo detalle de una flor sobre la mesa.

Todas esas cosas te matan, pero a la vez te resucitan...

Aunque todo ello presupone que has vivido

en abundancia

en este otro año que se va, con sus penas y glorias

viendo crecer a tus hijos

y a los hijos de tus hijos.

    (Amén).

Y sabes que ya es mucho haber sido partícipe

de esa magia inmerecida que hoy declaras.

Y lo que es peor aún, haber sobrevivido

    a la crueldad de estos versos

CIÓRANICAS

No hay otras verdades que las verdades poéticas.

Estamos condenados a la vida.

No somos mas que historias mal contadas.

Guarda celosamente un poco de inmadurez para tu ancianidad.

El hombre es feliz en la breve eternidad del instante.

La inteligencia es un impedimento.

Un poema es un largo y doloroso alumbramiento.

Una sentencia incompleta tiene todo el encanto de lo humano.

Toda erudición es un exceso.

Nada es más ajeno a un poeta, que el triunfo.

Dejemos que el amor nos escriba.

Hay quienes han hecho del lamento un capital de
sustanciosos réditos.

El prejuicio no cabe en la palabra del poeta.

Quien no ha conocido el hambre no ha conocido a Dios.

No sin estupor descubro que no tengo casi nada que ver
con casi nadie.

La juventud es un tesoro plagado de inocencia.

Feliz el autor que se expresa con toda la imperfección
de su propia naturaleza.

La palabra no cuenta, sí, el gesto.

Nos consumimos como cirios en el altar de nadie.

Nadie quiere trastocar, en este juego, los pasos.

Las madres saben todo de sus hijos; saben más que Dios
mismo sabe de ellos.

Cada día muere con su propia gesta encima.

No soy quién para juzgarme a mí mismo.

¿No es acaso la bondad, la expresión más alta de la
inteligencia?

No hay terreno más fértil para la libertad que el de la
creación artística.

No todo poema tiene que ser grandilocuente.

REMEMBRANZAS

OTRA VEZ NARCISO

Así el espejo averiguó callado...
J. LEZAMA LIMA

Ni aún la timidez adolescente,

ni el mítico pudor, impiden admirar

tu propia hermosura ante el espejo.

De frente, de perfil, de frente,

de frente, de perfil, de frente;

otra vez, tu dolor y tu delirio.

Mas ese rostro amable del reflejo

se irá desdibujando con el tiempo:

eso lo sabes, y a eso le temes como

al destino mismo, del cual nadie escapa.

¿Por qué no has de amarte entonces,

impúdicamente, en el instante

eterno de la luz, que se derrama

sensual sobre tu cuerpo en flor?

Nadie más, Narciso, amará esa

imagen como tú.

Aunque no has de saberlo

hasta el día en que se quiebre,

en pedazos, tu ser.

a Chely Lima

EN EL BORDE

De todos los desiertos que habito

ninguno tan cruel

como el de la palma de mi mano.

Aridez surcada por gastados laberintos

que proclaman, de algún modo

que amé

que procreé

que viví.

Hoy debo de contemplar imperturbable

esa fecunda aridez extendida hacia lo alto.

Hacia un cielo, ya sin nubes, que derrame

generoso la gota de lluvia necesaria

que permita cantar mi último verso.

En el borde de la palma de mi mano

yace un abismo insondable.

OTOÑO EN TENNESSEE

Two roads diverge in a yellow wood...
R. FROST

Imágenes de Oro y Fuego

en mi memoria.

Y el vibrante recuerdo del aroma del viento.

De un camino sinuoso en la montaña.

Del sabor a vida de la leche más pura.

De este afán de ser indio para siempre.

De contemplarlo todo

como un niño.

Y el canto del arroyuelo bajando

apresurado

entre las piedras

hacia este día de hoy

donde solo anidan

las ausencias.

Yace en mi mano la hoja de arce

                    Oro y Fuego

antiguo atesorado en las páginas

de un álbum que evoca

estas memorias.

Sin advertir que para mí

           ya no habrá

                el otro otoño.

FAREWELL

Si he de partir

dejando en unos la impresión de estar loco.

Si he de partir

dejando en otros la impresión de estar cuerdo.

Y esperar como un eterno adolescente

la justificación a este acto de mi vida

dejando atrás ingentes memorias y recuerdos.

Y mientras tanto, Dios se ausenta y quedo sumido

en el lacerante horror del desamparo.

Qué más da, si mi destino no es otro que partir.

Guantánamo, Cuba, septiembre 2000.

Publicado en EE.UU 2011

DIÁLOGO

Las teclas de ébano y marfil de la escala cromática han sido reemplazadas por los grisáceos pliegues de las rocas. *Rocas con exfoliaciones precisas y texturas sedosas; cristales de disímiles formas, gemas multicolores; fósiles que relatan su propia historia, y luego valles, montañas, volcanes, glaciares, Pangaea, continentes —en fin, La Tierra— me han hechizado con distinto placer.*

Ya no es aquél adolescente que estuvo una vez petrificado tras los setos de la casa elegante escuchando las notas del piano. *Primero fue Mozart, Bach, Chopin.* Ahora está parado firmemente (ya es un adulto —ese concepto inexplicable) sobre una escarpada colina que explora, tratando de alcanzar la cúspide; el conocimiento de todo cuanto yace bajo sus pies; domeñarlo todo, develar los arcanos de la ciencia. Toda la verdad le ha de ser revelada.

Ahora es James Hutton, padre de la geología, el que ocupa mis pensamientos. Se agacha y toma una roca en su mano. Trata de discernir su origen, su naturaleza, su historia. Toma la piqueta y quiebra la roca a la mitad. *Hutton, Lyell, Cuvier.* Lo que él ve. Con la pequeña lupa. Rayando la roca con la tenaz cuchilla del acero mejor. Vertiendo unas gotas de ácido y esperando la reacción. Sabe que está en un preciso punto de la Tierra, en un preciso punto de su Mapa, que su Brújula reafirma. *La irrupción del asombro. Abstracción. Silencio.* Deposita la muestra en su mochila, como un botín preciado. Continúa, imperturbable, su itinerario; los pasos marcan la línea recta por muchas millas bajo el sol; otras veces bajo la lluvia, que siempre evoca los días de la niñez y sonríe. Anota todo cuanto observa; todo lo dibuja (quizás mañana lidie con paletas y pinceles) a mano alzada, con rigor. *Intuición. Pasión por lo preciso. Imaginación.*

La poética de la ciencia.

En el centro de la roca encuentra un fósil emblemático. *Otra verdad: otro testigo; otra evidencia del pasado,* pensó. Quiebra una segunda, una tercera, una cuarta.... *Nada es fortuito. Las Leyes.*

La disposición de las capas rememora el papel pautado, las claves, el tiempo, el compás, las notas, los indispensables silencios... Se escucha la armonía de una compleja partitura.

El presente es la clave del pasado, dijo Charles Lyell. Una quinta, una sexta, una séptima, etcétera; sólo Dios sabrá cuántas.

El presente es la clave.

EL PACIENTE

El sol parece que tuviera una mirada

Antonin Artaud

Y ese sabor antiguo

a ajo en la garganta

y el ruido de la camilla

sobre el piso desnivelado

de un hospital de pobres

donde no se cura nadie.

Y volver en ti, otra vez,

luego del sopor inducido,

con las sienes calcinadas,

a los mismos temores de siempre.

Y enfrentar la vida ahora

con menos células corticales

bajo la prescripción facultativa

de no dejarte pensar

en el deseo abismal

de renunciar

a todo...

Mientras unos ojos

imploran

que te salves.

EL PEZ ABISAL

Vive confinado en las profundas aguas de la noche abisal.

Se mueve majestuoso en el agua

y nos muestra toda su fealdad de espanto

bajo el reflejo de su propia luz iridiscente.

Admirable criatura el pez abisal:

símbolo de todo lo que no podemos comprender.

RARA AVIS

¿Por qué no morí yo en la matriz,
o expiré al salir del vientre?

Job 3, 11

Se retira la bestia cansada del escarnio del día:

los escupitajos de los proxenetas,

las carcajadas de las prostitutas,

la crueldad gratuita de los niños,

el sonido de las monedas del avaro.

Hiere ver su descomunal cabeza apoyada en las rodillas,

como una caracola varada muy lejos del mar

yaciendo en el establo, junto a los hermanos animales

de feria e infortunio

tratando de dormir.

Entonces un día

es descubierto por la Ciencia

como si se tratara de una nueva isla que agregar

al vasto Mapa del Imperio.

Los sabios doctores contemplan totalmente desnudas

                                                 sus jorobas,

toda su anatomía; su genitalia de hombre-bestia

                       expuesta, impúdicamente,

bajo las frías luces que recuerdan la *Lección de Anatomía*

de Rembrandt.

¿Qué nuevo dolor habrá lacerado tu alma, Joseph Merrick?

Dictaminan por consenso

                   que no ha de vivir largamente

que tiene el derecho de acicalar sus greñas

asear la piel que emana pestilencias

cepillar los escasos dientes carcomidos

y contemplar su propia fealdad ante el espejo.

Rara avis que ha de adquirir modales por decreto

y que aún tendrá el privilegio de disfrutar del *Arte*

                     que no salva.

Mas una noche definitiva,

                   hastiado de todo

                   hastiado de los hombres

hastiado de sí mismo

se reafirma como un ser libre en su albedrío

dueño de su propia vida

de su propia suerte.

Retira los mullidos cojines de su cama de hospital

para yacer como cualquier otra persona

desnudo y sin afeites

sin concederle

ni a los dioses

ni a los hombres

ni a los astros

una jornada más de su existencia.

Sueña con los ojos lúcidos y tiernos de una mujer

que lo arrulla bajo la fronda de un árbol gigantesco

mientras gira, vertiginosamente, una manada de elefantes.

Y en ese instante único, liberado y feliz,

por primera vez sonríe.

TALLER DE LITERATURA PASTORIL

47

Panza, bonete, libro y cuajar:

el poeta rumia, como una vaca, versos.

COROLARIO PARA DEFINIR A UN DIOS

dios es una navaja afilada en las manos de un niño

o

dios es un niño con una navaja afilada en las manos.

CLASES DE EQUITACIÓN

La vida
>   como un caballo desbocado
>   azaroso y feliz.

Soltar las riendas:
>   he ahí la clave.

POR SIMPLE DEFINICIÓN

Soy lo que he leído.

CANCIÓN TRISTE

Un hombre estoico como tantos de su pueblo.

Un padre de familia que sobre una silla se derrumba.

Los hijos parten inquietos en busca de horizontes.

En ese instante, parece que su vida pierde sentido.

Y siente el sabor de la primera lágrima

que quizás sea la última.

DESPEDIDA DEL POETA MALDITO

Toda luna es atroz y todo sol amargo

A. Rimbaud

He visitado catedrales imponentes

donde la luz traspasa al sesgo los vitrales

y me he visto envuelto en esa magia

como ángel o demonio.

He visto el mar y conozco sus misterios.

He conocido espléndidas criaturas

que exploraron mi piel hasta el espanto

y me dieron amor; no les di nada.

He sentido el sudor en mis zapatos

viajeros y el gentil aroma de un jazmín;

el sabor del café en la madrugada

mientras el gallo canta siete veces.

El rumor ancestral de la muerte me corteja:

de ahora en lo adelante vagaré azaroso

sin brújula, ni mapa, ni destino propio;

los vientos seguiré, leve como una nube.

¡Véngase cuando quiera la parca!

MALABARES

Camino al filo de la sombra

haciendo malabares

para beber el agua de la noche.

Saciada mi sed

cargado de palabras

regreso en la mañana luminosa   .

CONVERGENCIA

El delicado tiempo nos modela.

J.L Borges

He sido a la vez mil hombres

y ninguno.

He agotado las azules calles de mi pueblo.

He buscado el amor en alguna esquina oscura

como todos.

He mostrado de mí las mil facetas

todas falsas.

Pero nunca he sido más aleve y libre y propio

que al escribir estos versos

dardos que se clavan

contra el pecho acechante de la Muerte.

Versos que son el fiel de mi balanza

punto de equilibrio

convergencia.

CLASES DE PIANO

Allegro ma non troppo. Un péndulo invertido marca rigurosamente

el *tempo.* Tres claves y siete figuras edifican

todo un universo sonoro sobre el papel pautado. Cinco líneas

y cuatro espacios acunan millares de notas (redondas,

blancas, negras, corcheas, semicorcheas, fusas y semifusas)

como estrellas suspendidas sobre el firmamento.Cada nota

deriva de la otra en progresión geométrica como si fuera el

milagro de los panes y los peces, en una inagotable sucesión

de arreglos, bajo la delicada égida de *Euterpe.* Compases

simples y compases compuestos. Meras fracciones

binarias, terciarias y cuaternarias para cada pieza: compases

de 4/4 (o compasillo, para desgarrarse con toda la melancolía

de un blues), de 3/4 (y poder valsear sobre las olas

de un célebre río), de 6/8 (al caminar por las azules calles

de mi pueblo silvando el Hallelujah, de Cohen). Todo un

complejo entramado para crear un arte, en el que se hace

indispensable el silencio.

PAÍS SIN MOSCAS

> *vosotras, amigas viejas,*
> *me evocáis todas las cosas.*
> ANTONIO MACHADO

Enjambres de avispas y cucarachas,

moscas y hormigas bravas,

perros y gatos decrépitos putrefactos.

Basura sobre basura, pestilencia/

dulceamarga y rancia pestilencia.

Montones sobre montones de escombros/

vaho sobre el vaho del recuerdo.

Esparcidos restos recubiertos por doquier

en la memoria del solar yermo de la esquina:

mi paraíso de la infancia colmado de alimañas.

Madre, ¿quién habría de querer a una mosca?

Ay, hijo, no preguntes; son criaturas de Dios,

y todo lo que Él ha creado tiene un firme propósito.

Ha pasado el tiempo/

      Y mi madre ha muerto.

Hoy vivo en un país sin moscas.

SEMBLANZA DEL PATRIARCA

Habito en el gesto esquivo de mi padre

en su rostro aguileño y su pupila gualda

de gaviotas

en todos sus miedos, cuitas y silencios.

Habito en sus cansados pasos

de tantas duras horas bajo el sol.

En sus manos callosas sobre el surco

de la gran cosecha (cornucopia) que

solo el estoicismo pudo hacer brotar

y que otros, quizá, llamaron milagro.

Oh tristes días de la prisión

que enfermaron sus huesos

y acunaron la neurosis de su creativo mundo

su impronta de sueños y fantasías sin cuento.

Yo he de vivir y morir a cada instante

esa extraña vida

que no conoció de agravios

que no traficó con perdones ni olvidos

y que me ha legado lo ignoto por herencia.

¡Ay de mí, sin esa vida y muerte

cotidiana de mi padre!

EL CORAZÓN TARDÍO

¿Para quién canta un nido en mi costado?
ANTONIO GALA

Mi poesía es un canto desangrado

que brota de un corazón tardío y solitario.

Cercenados han sido mis miembros

superiores e inferiores, las uñas y el cabello

la vana impronta ante el espejo

la tos de las mañanas

      el apetito carnal

            y la cordura.

Hoy, de todo he sido despojado.

Aun así, imperturbable, mi corazón late

hasta que se extinga en su final derrota

cuando ya no tenga nada que decir a nadie.

SINO

Al filo de la medianoche

sobre la baranda de un puente

ves pasar los trenes del verano.

Como en un célebre poema de Pavese

temes enfrentar tu propia muerte/

ante el espejo de tus ojos.

Han pasado ya todos los trenes

de la noche y aún no te lanzas al vacío.

Tanta es tu cobardía, ¡tanta!

A UN POETA MALDITO

El poeta es un fingidor.

F.PESSOA

Porque vives oculto

detrás del clavel en la solapa

y mueres de toda la ternura/

enfermedad fatal de los poetas.

¡Pobre!

De ese resonar en vidas ajenas.

¡Siempre!

Y qué no sabes ya que hacer con tanta

vileza tras el rostro afable y las ojeras

de esa oscura noche que es tu vida, poco

compartida fraternalmente con los otros.

¡Silencio!

Que nadie sepa nunca de tus infiernos

de tus banales vicios, tu falsía y tu

propia esclavitud de noria todo el tiempo.

¡Y tanto!

Que no esperas sino acabar con todo,

así de cuajo, hasta que descansen

al fin tus huesos, después un mísero final

que apuras para escaparte de ti mismo/

manido ardid de toda tu flaqueza.

Que ya no sabes dialogar contigo mismo,

como en los buenos tiempos

    ¡Sin retorno!

Que ya no sabes ni quién eres

si acaso sabe alguien quién has sido.

    ¡Mutis!

Qué no visite nadie el camposanto

pues no ameritan flores los cobardes

los que no alcanzan siquiera

su propia definición

aunque sea triste,

aunque sea vana,

sin ir más lejos.

LLANEZA

No sé quién soy
ni a qué he venido.

No creo que haya
un solo hombre
que sepa de qué hablo.

En caso contrario
ofrezco disculpas.

No ha sido mi intención
importunarlos.

EL CALLEJÓN DE LOS VENCIDOS

A Bruno Schulz

I

Ayer me vi inmerso en una espesa

trama de cuerpos moribundos

en un edificio sórdido y gris

al pie del Callejón de los Vencidos.

Gente cansada, coja

los bastones y las muletas sonando

el cáncer al acecho por su turno

el asma, y también el lumbago

en este largo tren que abordo

y que no parece llegar nunca a su destino.

30, 31, 32...

A cada alma un número

en larga letanía de cifras y de horas

como gotas de una inmensa clepsidra.

El hedor de la piel y de los huesos

las muecas, las grotescas máscaras de dios

talladas por el tiempo:

vi a Dora Maar en una esquina

a Vincent desorejado en la otra

a Cervantes con su mano sola

a Rosa Parks

al reverendo King

y cuanto negro menesteroso abunda en el paraje.

En verdad, no recuerdo haber visto a un solo judío.

Las axilas, los pubis y las piernas lampiñas

las varices en las narices hinchadas

piernas mustias que han gastado millas

bajo el sol, la lluvia o la nieve de otros sitios

y de éste ahora donde estoy confinado.
El ruido de mi mano temblorosa me delata.

32....

¡Última llamada al 32!

¡Qué le dirán al 32, pobre!

Que está muy cerca de la no existencia

en el edificio gris y con insignia

donde la Señora del Cárdigan Gris

juega a ser una sacerdotisa

que encubre sus propias miserias

desde una teatral pose de mando

conferida por el gobierno

para el cual trabaja en su desidia

hastiada en el fondo, de sí misma

de su papel de capo, de juez y de sicario

detrás de unos gruesos cristales

que la protegen de la ira

de una imposible toma de su propia Bastilla

de la mansedumbre enajenada de los otros

ánimas que se mueven en este tren gris

salido de un filme de Munch

visto en una abrumadora soledad desesperada

hace ya muchos años... ¡Cuántos años, Dios mío!

33, 33, 33, ¡por última vez, el 33!

Es mi detestable número.

Desconcertados rostros que miran

pantallas de televisión en circuito cerrado

exhibiendo otros rostros felices y seguros

mientras afuera los cocodrilos afilan las fauces

con sus lenguas límbicas, que han de cercenar

toda la carroña en El Callejón de los Vencidos.

Los húmeros artríticos, las gargantas roncas

párpados caídos sobre pupilas que ya no reflejan

ni un destello de una ilusoria felicidad pasada.

Hoy todo es duramente real.

¡Es la Vida y qué se le va a hacer!

      Es la Ley.

¿De que sirve contradecirla?

     ¡Es el Destino!

Dicta la funcionaria del cárdigan gris

con olor a naftalina y a una insultante fragancia

desconocida al otro lado de la ventanilla.

Un mustio clavel rojo carmesí pende de la solapa.

¡Hagan silencio! ¡Hagan silencio!

Acaso no distingue la laxitud del que espera lo peor
del que sigue acoquinado en este tren de seres moribundos
que ya nada desean, sino quizás, el mendrugo que les alargue
el viaje que pronto ha de tener un final definitivo
ése que llega con el alivio de la muerte
ya también hastiada por la oficial demora.

Si, señora capo, señora del Cárdigan gris con insignia
y clavel en la solapa, que fija los límite del Bien y del Mal.
Cómo se atreve a dictaminar que no soy todavía un miserable
que poseo unos dólares para comer y que debo bajarme
ya de este tren en marcha hacia la nada.

¡Gracias por venir, señor; que tenga usted buen día!
¡No hay apelación, señor! A qué preocuparse
si está usted libre bajo *parole* digamos por un año, al menos.
¡Eso sí! No deje de venir usted
dentro de un año en que seguramente será declarado
                                    incompetente
inútil, inservible, miserable de toda solemnidad
más cercano a su destino natural, la inexistencia.

II

Lo sabrá por una citación a vuelta de correos

en sobre amarillo con el sello de la insignia

y por sus dolores crónicos y por su cojera atroz

                    por su hediondez

por sus magros alimentos sintéticos y transgénicos

que quizás entonces ya no pueda asimilar del todo

porque ya sabe, señor…

Por un instante vi alzarse en mi mano el hacha de
                              Raskolnikov

.¡No me distraiga!

¡Usted es inteligente, señor!

¿No dice que es poeta?

El tiempo oficial es limitado, no insista con preguntas.

¡Hasta la vuelta, señor, que yo lo espero aquí

en la ventanilla de la desesperanza, de los desvalidos

de los sordos, los ciegos y los locos, los dolidos y dolientes!

III

Yo seguiré aquí investida

con mi cárdigan gris para decirle cuándo

su existencia amerite ser declarada oficialmente gris

Usted es viejo conforme a la Ley, al Orden y al Progreso

abandone toda esperanza

su vida absurda no es más que una falacia.

34, 35, 36, ad infinitum.

Se escucha una voz de mando:

¡Nest, nest, nest!

¿Cómo que nido,

cómo que casa,

cómo que hogar...?

¡Qué lengua rara habla el alienado custodio!

Diga, *next, next, next,* correctamente

tenga al menos el decoro

de exhibir su nueva lengua de adopción

¿O es que no ha tenido tiempo de aplicarse?

¡Silencio, silencio, silencio!

Silence, silence, silence...

¿Será que este hombrecito rudimentario

puede acaso escuchar mis pensamientos?

¿Se habrá percatado que desde niño detesto las insignias

y el horror que me producen los uniformes y las armas?

¡Hasta el próximo año de Nuestro Señor, poeta!

Salgo trastabillando entre sillas de rueda,

muletas bastones bocas resecas

órbitas descejadas, ya sin lágrimas.

IV

Y de repente la patética visión de una niña

de bucles negros y piel aceitunada

que persigue a su madre manca y maloliente

por los pasillos del pesado tren en marcha

que no se acaba nunca...

37, 38, 39...
La cuenta es infinita.

Lentamente, salgo al Callejón de los Vencidos...

Los saurios yacen con las fauces entreabiertas

despreciativos, mirando alevosamente hacia otro lado.

¡Usted no, señor, todavía no! Parecen decir.
¡No ve que usted no es quien decide, ni gobierna
                    nuestras fauces!

          Silencio.

El pistoletazo no se hizo esperar, sobre la sien, la víspera.

LA NOCHE

Mis párpados
                    caen
como cortinas
               del ocaso
llevándose todos
                 los colores
las texturas
            y las formas.

Mis párpados me
                  arrastran
hacia un mar terrible
distante de mi piel
donde solo habitan
                impalpables
los sueños.

Los sueños
          nada dejan
me traicionan
            alevosos

dibujando otras vidas

a mi vida.

Y cada noche

endemoniada

suceden esos

raros excesos

sin poder apenas

evitarlo.

Deseo la noche única

y definitiva

en la que no pueda

sino morir

bajo el fuego de otra piel

apasionada

que se funda por siempre

con la mía

sin párpados cerrados

y sin sueños.

OTREDADES

TEMOR

Hay una herida que no cierra

Hay un corazón que aún late

Hay un hombre

Dentro de otro hombre

Que sólo habita en sueños

Y que teme despertar

Sin el amor

Sin ti.

LINAJE

Celebro haberte conocido.

Y he sido feliz al tropezarme

con piedras como vos

en este río discursivo que es la vida.

Antes ya vi algunas, no tantas, lo confieso.

Mas hoy te veo a ti, y si mañana parto

se ha de repetir la magia de estos raros encuentros

de la estirpe de piedra viva, a la cual pertenecemos

inexplicablemente.

SOLO

A mí solo me resta la paciencia

y en ella vivo, a la espera vivo

a la ingrata sombra

de su luz expuesto.

Ay del pobre amor compartido y vulnerable.

El desamor es mi eterna compañía.

Mi cotidianidad de no ser

       de no ser más que eso:

            nada.

IN PARADISIUM

A Arístides Vega Chapú

Una tarde de asueto en pos de la terrenal belleza

de un espléndido paraje enclavado entre la *Selva* y el *Mar*.

Dos poetas que se allegan como niños inquietos que han

de disentir sobre lo sacro y lo profano tersamente.

Uno prefiere, vanidoso, el Palacio; el otro, humilde, el Mar.

Ambos se pierden en el viviente jardín de las palabras...

El silencioso lente de la cámara,

          como el Ojo de Dios,

               atestigua el hecho.

Palacio de Vizcaya, Miami.

Octubre 2015

el GATO

...un animal también puede contar su historia.

J. C. VALLS

no es una buhardilla

ni está en el París romántico

tampoco la habita un poeta

de una generación perdida

pudiéramos decir.

es un sencillo estudio

—poblado de libros y tapices

espejos, cerámicas y pinturas—

en el suroeste de Miami

ciudad hostil al arte

feudo de venales mercaderes

que no redime a esos

seres diferentes, los poetas.

una empinada escalera, recia y rústica

—en el mismo centro de la pieza—

conduce hacia la alcoba, flanqueada

por una soberbia estatua de San Lázaro

aposento alto donde se fraguan los sueños

manantiales de donde emana, gracioso

algún que otro verso trascendente.

en el suroeste de Miami se gesta

algunas noches —*inmortal y pobre*—

la poesía, mientras se pasea

(como en una aparición)

majestuoso y confiado, un gato

que se deja acariciar y que nos mira

a sabiendas de que es parte del enigma.

LOS PERROS Y LA LUNA

Ilión fue, pero Ilión perdura en el hexámetro que la plañe.

J.L. Borges

Los techos herrumbrosos

los clavos puras piedras

las piedras puras almas

penando.

La ciudad se deshace en mil pedazos.

El mármol se ha quebrado por el llanto

de los huesos tristes, sin flores

ni epitafio.

No hay olor a leche quemada en el fogón

ni almendras que cascar con una piedra

y no se escucha la voz del pájaro cautivo.

La ciudad se deshace en mil pedazos.

Quizás se haya salvado el firmamento
donde suelen cruzar miles de estrellas
como las que una noche inmemorial
guardara.

Hoy bebo una taza de café amargo
en un lugar ajeno que se llama exilio.
Y mi corazón palpita fuertemente
mientras los perros aúllan a la luna.

THREE WISE MEN

A Tony, Ernesto y Hermes, cuando eran niños

Un hombre en una esquina del mundo
permanence en silencio.

Otro hombre, más vehemente,
no para de hablar.

Un tercer hombre no ha querido ser
como ninguno de sus dos hermanos:
Elige, como tributo, *plantar signos* para celebrar la vida.

DEL AMOR TARDÍO

Hagamos caso omiso a la cordura, vieja amiga.

Deja abierto el ventanal para que los efluvios

de tu rosa inmaculada se derramen alevosos

sobre los parques, las aceras y las plazas.

Entre los inquietos transeúntes de la noche

habrá algún mancebo que en su viril instinto

se apreste a la cópula salvaje,

sin cuentas ni reparos.

Para que así desgaje tu antigua flor

guardada ya por tanto tiempo

y que no mueras, vieja amiga,

sin haber conocido de la vida,

el violento arrebato, el dolor y el goce.

CUANDO ABRUMA LA SED

yo soy quien está junto al árbol talado...
Pedro Assef

Has muerto, poeta,
pero has dejado una huella
a contrapelo del camino:
tu voz de cántaro gentil,
vasija rústica que escancio
cuando abruma la sed.

No mueras más de lo que has muerto.

YO MISMO

451

Arde la memoria en el patio de mi casa.

Sube el fuego avivado por el temprano aire,

por las páginas que una por una, o en montones,

lanzo hacia la hoguera

que pretende desafiar al Tiempo.

Este absurdo deshacerse de las cosas

de los libros amados en las aulas de ayer

    de libretas envejecidas

    de tantas páginas volteadas

      con amor o desdén

a punta de dedo y de saliva.

Hoy dejarán de existir ya para siempre. Me voy.

Más digo mal, pasarán, quizá, al mejor de todos los

                archivos.

Ese que ya nadie pueda quitarme: el de la diáfana memoria,

y que ruego a Dios que me acompañe hasta el ocaso.

94

Como ofrenda fina de holocausto

hoy siento un olor a humo

todavía.

A R. Bradbury

LA COSECHA

*Gaudeamus igitur...**

¿Por qué no regocijarnos y cantar las mieses
de la cosecha que hemos sido inexorablemente?

¿Por qué no sentir orgullo, quién lo impide?
¿Por qué víctimas y no hacedores
de nuestras propias vidas soberanas?

Porque a pesar de los pesares —en la Isla—
nos hicimos más fuertes, estoicos, entremuros;
sobrevivientes hermosos de una gesta impropia.

No hay generación que no lamente
de algún modo, no haber hecho más
de lo que pudo.

Habiendo, pues, lanzado al fuego la cizaña:
¿Por qué no celebrar la cosecha desde el canto?

Gaudeamus igitur (Alegrémonos pues)
*Antiguo himno universitario.

LA CANCIÓN DEL PUNTO

Es un mínimo signo ortográfico.

Todo un enigma, un arcano

que en sus pretensiones alegóricas

pretende ser un rutilante *Aleph*,

pero no lo consigue.

Es solo un punto decadente y lánguido

—como nunca lo fuera Marcel Proust—.

Es, quizá, una leve pista que intente

resolver los aterciopelados entreveros

de un filme de David Lynch

visto ayer tarde en compañía

de una vieja amistad que se deshace.

No será entonces una diatriba final;

tampoco el cierre de crónicas pasadas.

Es sólo un unánime punto, solitario y falaz.

Aunque bien podría ser

—redimiéndose a sí mismo—

parte de una exclamación

al estilo expresivo de Cioran

y entonces significarlo todo:

inicio

      sucesión

            y fin

de nuestra vida.

LA TRAVESÍA DEL ELEFANTE

Quince millas y el cansancio del día/
me separan del acto programado.

Voy en busca de un célebre elefante que cruzara
los Alpes, a sabiendas o no, de su destino incierto.
Recorro el negro asfalto, encandilado por miles
de luces cegadoras, como luciérnagas hostiles,
hacia el lejano centro de la ciudad sin centro,
que solo percibo como una aldea grande y nada más.

Llego al sitio elegante y en extremo iluminado
(sin dudas, hubiera preferido la penumbra).
Un mujer, o dos, me reciben con sonrisas afables
hechas o previstas, que no logro asimilar del todo.

Hiere el taconeo de señoras perfumadas en exceso,
que también han ido *a ver y leer* al triste elefante
que cruzó los Alpes, porque un hombre así lo quiso
      —y ese hombre ya está muerto—
para inmortalizarlo a su (dis)gusto, ya sin cuento.

Más allá está la viuda, hierática, con un aire de nobleza,

como una prima ballerina acechada por admiradores

complacientes; pero ella luce serena, no se inmuta,

se voltea cortés y me sonríe como si intuyera

las motivaciones de mi vaga presencia.

Lleva en sus brazos un libro repleto de elefantes

(no sé cómo puede ella con tantos).

Es un libro de lúdica apariencia y quizás lo sea:

Solo Dios sabe, a primera vista, de estas cosas.

De uno de esos libros de antes, de hoy, o de mañana

de trompas y patas de elefantes recortadas con tijeras,

de palabras cortadas al sesgo, entrelazadas, fundidas,

adosadas, esculpidas con las manos y el auxilio

de tecnologías ultramodernas, que nunca se equiparan.

Siempre llegamos a donde nos esperan..., susurra alguien.

El artista visual, enfático y teórico, intenta convencer

al auditorio de la gran importancia de su arte. Dudo, luego

descreo:

Un elefante ya inmortalizado no requiere de énfasis mayores.

El escritor (que ya ha muerto hace dos años, repito) tiene
un premio en Estocolmo, ciudad que nunca he visitado:

No me gusta la nieve, ni en mis sueños la sueño;
la nieve es para mí, sencillamente, un imposible.

El libro pesa tanto como un elefante real de carne y láminas
de huesos colosales, de piel y de palabras.
Aunque el precio, en dólares, no resulta desmedido
me apropio de él, para leerlo un día en que la vorágine
de esta aldea grande, me conceda el tiempo para ver y leer
elefantes cruzando montañas nevadas
  aunque aquí no haya montañas
  aunque ya no las recuerde
  y se hayan borrado de mi mente
y este libro me ayude, de algún modo, a rescatarlas.

El viaje de regreso a casa es menos apresurado/
  los regresos se toman con más calma.

Sobre el asiento del pasajero yace el libro hermoso

que ojeo mientras cruzo las negras llanuras,

los amplios yerbazales y pantanos de Miami;

libro que lo fino de un alma escribiera/

    (y que otra mano sagaz luego ilustrara).

Lo coloco sobre la mesa de noche, así, decorativamente.

Y pienso que un día pueda ya leer a Saramago,

porque siempre llegamos, de algún modo/

      al lugar donde nos esperan.

   A Pilar, viuda de José.

ALLEGRO

La mantuve prisionera en alguna postal antigua.

En las páginas macilentas de los libros ajenos.

Siempre estática, florecida, incomprensible y
deslumbrante.

Nunca la conocí, verdaderamente. ¿O tal vez, sí?

Acaso estuve rodeado por ella todo el tiempo

acunado en ella, adormecido en ella.

Nunca creí que fuera un mero concepto geográfico

ni el rotar de la Tierra y de los Astros.

No conocí de sus fragancias ni colores.

De sus lloviznas que hacen germinar los prados

donde pacen las bestias noblemente.

Nunca toqué con mis dedos equinoccios

ni gusté de igualar los días y las noches

más pretendí recrearla en un *Allegro de Vivaldi.*

¿Por qué será tan extraña para mí, la primavera?

EFFI'S SONG

"Beauty is truth, truth beauty', — that is all
Ye know on earth, and all ye need to know".
JOHN KEATS

No miréis sino sus manos
hacedoras de prodigios.
Miradlas repujando el cuero
tallando la recia madera
burilando insistente el metal
purificado al fuego de la fragua
haciendo dúctil lo imposible
y maleable y terso todo.

Sus manos descubren una forma
que quizás, hasta hoy, nunca existiera.
Desconocen la quietud, sus manos.

La pátina del tiempo es de los otros
el tiempo no transcurre mientras crea
y se le hace infinito en cada pieza.

Nos puede parecer una hechicera

o la imagen de una virgen laboriosa

postrada sobre el áspero cemento

que lacera su delicada piel, los huesos.

Se acerca el final de tantas horas

que ha perdido ya la cuenta.

Se detienen las manos laceradas

y le duelen,

       más el dolor no importa.

No es más que una mujer que implora

como la más humilde de las siervas.

Y no cree merecer aquellos frutos

que los dioses le conceden sin reparos.

Obra la gracia

en cada nueva epifanía.

VISIÓN DE UNA VIEJA EN HARAPOS

Se extingue la bondad en los jardines privados.
A. FONSECA

Deja a los otros los trajines del Tiempo

y los vanos afanes que a nadie justifican

los desvelos de la víspera, los autos de lujo

las sábanas de 700 hilos, los triviales perfumes

el confort del baño y el desayuno puntual

las acolchadas pantuflas, las envilecidas marcas

y el altivo decir: Esto es lo mío y lo otro también.

La apropiación no se hizo para ella.

Bástale haber hallado un pedazo de papel mugroso

y una pluma abandonada en un basurero de un Banco

como si fueran un tesoro: el espejo de una fuente

de la que han de brotar sus versos desmedidos

su poema vital que quizás nadie entienda.

Mas eso no le importa, si es el fruto desollado

de largas horas bajo el sol, bajo la lluvia y la ventisca

en una parada del ómnibus que nunca ha de tomar

en una esquina cualquiera y decadente.

En una esquina del suroeste de Miami, bajo una sombrilla rota

—como único refugio del espíritu— brota la poesía

como un manantial enajenado, entre la turbulencia del

tráfico

la contaminación, el reverberante asfalto, las luces de
los semáforos

que rigen la premura de los otros, las miradas esquivas
de los otros

de esos que, como yo, pretenden ignorar a una vieja

harapienta

que nos ofrece, como espléndido regalo, su vida en

esencias

con todo el fervor de los ungidos.

LIFE (1961)

Ernesto sonriente bebiendo un daiquirí.

Ernesto vestido de niña en una foto antigua.

Ernesto, cazador de espléndidos antílopes

al pie de las nieves perpetuas del Kilimanjaro.

Ernesto, el de la fiesta brava ensangrentada.

El guerrillero enamorado en la Sierra de Guadarrama.

El que cultivara, en París, una mítica rosa judía.

El viejo pescador invencible del *Gulf Stream.*

Ernesto, barbado y de titánica apariencia

admirador apasionado de toreros y estrellas

de tantas exóticas criaturas que hoy adornan

las paredes de su casa cubana, La Vigía.

¿Pudo La Academia percibir su peculiar naturaleza

imaginar su tiempo como el de un gigantesco iceberg:

      a la deriva siempre/

         hacia otros mares siempre/

         rumbo a la nada siempre?

Su corazón atravesado por la espada de un pez

(esa imagen no está en página alguna)

palpita grave en mis oídos, cada vez que doblan

las campanas de la Iglesia Mayor de mi ciudad

mientras hojeo una revista, en mi terraza, a solas.

SIEMPRE EL MAR

¿Qué puede el sol en un pueblo tan triste?

La isla en peso. VIRGILIO PIÑERA, 1942.

Dejar atrás los libros de toda una vida,

las fotos y poemas en el cajón apolillado,

los recuerdos más gratos, los más duros;

el beso último y desconsolado de la madre,

la lágrima de un padre que aún desconocía el llanto.

Todas las cosas lo abandonaban de golpe:

las amables puertas del vecindario que tantas veces
abriera,

como si fueran propias, con la feliz insolencia de los
niños;

las esquinas del amor, el canto del pájaro enjaulado,

los maestros que nunca más volvería a escuchar,

la sopa de la abuela en las tardes más frías.

Habiéndose forjado un mítico universo,

hoy renunciaba a todo en busca de otra tierra

donde inventarse sueños;

y el mar, *el siempre mar*,

sería el único camino nunca antes transitado.

LOS SEMINARISTAS

A Osmán Avilés

Marchan por la Calle Obispo

bajo el látigo inclemente del verano.

Tras las raídas sotanas se vislumbra

el sexo de los hombres

que deben consagrarse al pudor, la castidad y la doctrina.

Las rústicas sandalias rozan los adoquines.

Como una impúdica plegaria se eleva el olor

de las axilas en el aire

envolviendo las aceras y las plazas.

Un jovencito imberbe y una niña los observan;

una beata, tras su velo, hace una extraña mueca

                    y se persigna

mientras el dulce canto gregoriano hechiza a cada

                    transeúnte.

Todos detienen su juego, su ocio o su quehacer

para verlos pasar.

De dos en dos, los seminaristas, se pierden por la Calle

Obispo.

Tuercen la esquina y se adentran por la oscura puerta
del convento,

erguidos y austeros, cargando sobre su pecho tan
pesada cruz.

Aún nos puede llenar de turbación la imagen
que recuerdo

CON EL SUDOR DE TU FRENTE AVEJENTADA

A Juan Gelman

Con el sudor de tu frente avejentada

   has de pagar la renta

  de una minúscula pieza

    "decentica"

   como corresponde

 a un asalariado de estos tiempos

en el país más poderoso de la Tierra.

REDLANDS

Mañana será otro día bajo el sol. Tendré que depositar la simiente en los surcos, para hacerla germinar. Tiempo adecuado para lograr una cosecha. Es la noche de luna en cuarto menguante y el cuerpo de la tierra no espera. Caigo rendido sobre el lecho y sueño aguaceros torrenciales; escucho gritos de auxilio desesperados, como si alguien naufragara en medio de un océano de color rojo sangre. Los goterones sobre el techo me despiertan, parecen pedradas o una lluvia de granizos gigantescos. Doy vueltas y vueltas y más vueltas. Una voz de mujer clama por ayuda, gime desesperada. Me desvelo.

Ahora es el graznido de los cuervos salvajes sobre el caballete de la casa. Parece que van a derrumbarlo todo, como tantas otras veces. Pero anoche hubo luna menguante y hay que hacer la labor del día. *Carpe diem.* Sólo bebo un poco de café frío de la víspera o del día anterior, eso no importa. Desde el portal miro hacia el terreno en toda su largura. ¡Oh, no se ven los surcos preparados desde ayer! Están anegados en agua del color de la sangre fresca de los mártires.

Lo cubre todo hasta donde alcanza la vista. Pero hay que plantar la simiente con premura.

Labor delicada, minuciosa y precisa sobre cada surco, cada vena, cada arteria de esta tierra mía que comienza a drenar, como si un inmenso y silencioso corazón acompasado la devolviera a la vida, a su sino, a su razón. Fluye con sosiego el espeso líquido y afloran, poco a poco, los surcos de la tierra agradecida. El cansancio no importa. Hay que seguir. Hay que esparcir las innumerables semillas como estrellas. No todas van a germinar; eso se sabe, mas no importa.

Una nueva puesta de sol comienza a mis espaldas ya de regreso a casa. Los cuervos salvajes no están posados sobre el caballete. Habrán volado lejos. Me dejarán descansar: no habrá graznidos, ni granizos, ni gritos desesperados de mujer. Calma. El sueño vencerá al cansancio. No más vigilia.
Esta noche no soñaré, no debo.

CARNICERÍA

Zas, zas, zas...

¡Qué no te tiemble el pulso/

nada de sentimentalismos!

Colecta las grosuras e inmundicias

para quemar en el altar del dios pueblo;

cualquier cosa agradable al paladar del vulgo

como ofrenda expiatoria de holocausto.

Zas, zas, zas...

Lo fino, lo sublime, échalo a un lado.

Que no lo vea nadie, que en fin

no produce dividendos.

Contribuyamos a la nueva cultura

de estos tiempos, nada de finezas:

al pueblo pan y circo.

Que consuman el tropo mil veces reciclado

el retruécano insulso, lo metáfora manida/

en fin, el venal comercio de *ruidos usados.*

Zas, zas, zas...

No importa que tu albo traje de editor

se manche de tinta.

Luego lo lavas, así como se lavan las afrentas.

NEGACIONES

Porque todavía no habían entendido la Escritura...
JUAN 20:9

Soy un hombre galileo.

judío y pescador de oficio,

al que no le es dado creer

en la resurrección.

No quiero pensar

en la vida póstuma,

pues me sería imposible

lidiar con lo inefable.

Soy, simplemente, un pescador

y mi nombre es Simón Pedro.

Soy hijo del miedo,

y mi espíritu ha sido

presa de la turbación.

Por mi inmanente cobardía

hube de negarlo tres veces

antes de que el gallo cantara.

Lo amé en vida como solo

un hombre puede ser amado

en esta tierra. Por su amor

caminé sobre las aguas a pesar

de mis dudas. Mas no puedo

concebirlo como un espectro.

Y ésta, hermanos míos,

es mi cuarta y última negación.

BAJO UN SOL DE OTOÑO

No ha de perderse en mí
todo el sabor del vino.

No ha de perderse en mí
todo el aroma del sexo,
ni el color de las flores,
ni la gracia del canto.

Yacen, aún latentes,
bajo la hojarasca,
como las setas de otoño.

INSENSATEZ

No me gusta
>la nieve
ni en mis sueños
>la sueño.
La nieve es para mí
sencillamente
>un imposible.

ÍNDICE

EFIMERÍAS   9

LEVE ETERNIDAD DEL INSTANTE   5

EFÍMERO   11

LE BONHEUR   12

DESTELLOS   13

CONGREGACIÓN   15

PRETEXTO   16

DESTINO   17

LOS CUERVOS DE LA INFAMIA   18

SUCESIÓN Y LÍMITE   19

CANTO PROFANO   21

CLASE DE HISTORIA EN CUBA, AÑOS 60   22

CARPE DIEM   23

CEREMONIAL LITÚRGICO   24

PARÁBOLA DE LOS TOMATES ROJOS   25

FINAL DE AÑO   26

CIÓRANICAS   28

REMEMBRANZAS   31

OTRA VEZ NARCISO   33

EN EL BORDE   35

OTOÑO EN TENNESSEE   36

FAREWELL   38

DIÁLOGO   39

EL PACIENTE   41

EL PEZ ABISAL   43

RARA AVIS   44

TALLER DE LITERATURA PASTORIL   47

COROLARIO PARA DEFINIR A UN DIOS   48

CLASES DE EQUITACIÓN   49

POR SIMPLE DEFINICIÓN   50

CANCIÓN TRISTE   51

DESPEDIDA DEL POETA MALDITO   52

MALABARES   54

CONVERGENCIA   55

CLASES DE PIANO   56

PAÍS SIN MOSCAS   57

SEMBLANZA DEL PATRIARCA   59

EL CORAZÓN TARDÍO   61

SINO   62

A UN POETA MALDITO   63

LLANEZA   65

EL CALLEJÓN DE LOS VENCIDOS   66

LA NOCHE   75

OTREDADES   77

TEMOR   79

LINAJE   80

SOLO   81

IN PARADISIUM   82

el GATO   83

LOS PERROS Y LA LUNA   85

THREE WISE MEN   87

DEL AMOR TARDÍO   88

CUANDO ABRUMA LA SED   89

YO MISMO   31

451   93

LA COSECHA   95

LA CANCIÓN DEL PUNTO   96

LA TRAVESÍA DEL ELEFANTE   98

ALLEGRO   102

EFFI'S SONG   103

VISIÓN DE UNA VIEJA EN HARAPOS   105

LIFE (1961)   107

SIEMPRE EL MAR   109

LOS SEMINARISTAS   111

CON EL SUDOR DE TU FRENTE AVEJENTADA   113

REDLANDS   114

CARNICERÍA   116

NEGACIONES   118

BAJO UN SOL DE OTOÑO   120

INSENSATEZ   121

Evocación, memoria. Félix Anesio resalta en su lenguaje los pasadizos de la poesía sonora. Musical, diría, porque es allí, en el ritmo de la palabra, donde Anesio desemboca la fuerza con la que construye su universo poético. Si somos atentos, "Congregaciones" es un mundo coral que suena en cada tímpano, sin dejarnos despertar.

Hellman Pardo
Poeta Colombiano
Premio Nacional del Festival de Poesía de Medellín, 2014

Observo unos poemas congregados en el fondo de un reloj de arena. Pienso en la manera en que deciden ir cayendo grano por grano. Los veo colmar las páginas hasta concluir su ciclo. El fino hilo de arena determina cuando será necesario voltear e iniciar de nuevo.

Observo unos poemas congregados al fondo de un libro de inventarios. Sus palabras son números de viejas cuentas. El silencio es la suma y la resta de la lectura y del tiempo, entonces me detengo ante las citas en cursiva donde el autor decidió construir el techo de sus palabras y pienso: Cuántas lecturas he acumulado hasta llegar a este amanecer de julio, cuántas casas he habitado y cuánta vida me resta cada minuto que permito dejar una frase sin concluir.

Congregaciones es un libro que puede observarse como un reloj de arena que grano a grano colma la base de un tiempo transcurrido, cribado sin prisa por Félix Anesio en cada sección de su poemario, en cada ciclo de palabras que va equilibrándose en pocas líneas -más que necesarias- sobre las páginas en blanco. Así versos en sonidos, así versos en imágenes, así versos en la luz más concreta: un largo paseo por Guantánamo o por la Habana donde las cortinas mueven la luz frente al mar. Anesio reúne en Congregaciones lo que él titula como su Yo mismo, la reflexión que basta debajo del infinito inexplicable, eso qué puede ser acaso la fragilidad que compartimos todos aquellos que vamos dejando que el tiempo nos transforme algún día en unas cuantas letras resistiendo la gravedad de los tiempos que se llevan el tacto, las percepciones, las ideologías, los atardeceres y las palabras.

Javier Payeras
Poeta y novelista guatemalteco

Foto: Ulises Regeiro

Félix Anesio
(Guantánamo, Cuba, 1950)

Ingeniero de profesión. Ha publicado los libros de relatos Crónicas aldeanas y su versión en inglés A Tale of Two Villages y los poemarios La cosecha, El ojo de la gaviota , Los cuervos y la infamia, País sin moscas y otros poemas y Altar de nadie (Antología personal).

Sus poemas aparecen en varias antologías de EE.UU, Cuba, México y España: Bojeo a la isla infinita; Puede parecer un bosque, Antología Poetas del siglo XXI, Ed. Fernando Sabido, Balseros, La isla invertebrada, Archivos Guantanameros, La Habana convida, La floresta interminable y Piedra sobre Piedra, entre otras. Ha obtenido dos premios editoriales Carmenluisa Pinto en narrativa y poesía, así como la Distinción Pluma de Plata. Obtuvo el Florida Book Awards 2018. Aparece reseñado en el Diccionario de escritores guantanameros, Ed. El Mar y la Montaña, 2016, Cuba.

Sus poemas han sido publicados en reconocidas revistas literarias como: Crear en Salamanca, España; Altazor, Chile; Linden Lane Magazine, EEUU; Nagari y Conexos EE.UU.; El Caimán Barbudo, Cuba; Casa Bukowski Internacional, Chile; Otro Lunes, Alemania; Hiedra, México y Santa Rabia, Perú, entre otras.

Casa Bukowski°
Editorial

www.ingramcontent.com/pod-product-compliance
Lightning Source LLC
Chambersburg PA
CBHW070530160726
48003CB00004B/1741